ESTRELLAS DE LA LITERATURA

LA TIERRA, MI HOGAR

AUTORES

MARGARET A. GALLEGO
ROLANDO R. HINOJOSA-SMITH
CLARITA KOHEN
HILDA MEDRANO
JUAN S. SOLIS
ELEANOR W. THONIS

HARCOURT BRACE & COMPANY

Orlando   Atlanta   Austin   Boston   San Francisco   Chicago   Dallas   New York
Toronto   London

Acknowledgments

For permission to reprint copyrighted material, grateful acknowledgment is made to the following sources:
CELTA Amaquemecan: En sueños puedo volar by Eveline Hasler and Käthi Bhend. Original title *Im Traum Kann ich Fliegen,* published by Ravensburger Buchverlag Otto Maier GmbH, Ravensburg, Germany © 1988. Spanish translation by CELTA Amaquemecan, Amecameca, México © 1990.
Ediciones SM: Huele a primavera. Original title *Fa olor de primavera* by Mercé Company. Copyright © 1989 by Mercé Company. Published by Ediciones SM., Madrid, Spain.
Ediciones Júcar: El niño y el árbol, by Viví Escrivá. Copyright © 1988 Viví Escrivá, Ediciones Júcar, for this edition. Published by Ediciones Júcar, Gijón, Spain.
Editorial Plus Ultra: "Corre la noche" from *Un caballo a motor* by Aída Marcuse. Copyright © 1981 by Editorial Plus Ultra. Published by Editorial Plus Ultra, Buenos Aires, Argentina.
CONAFE: "Coplerita" by Antonio Ramírez Granados from *Costal de versos y cuentos* by Esther Jacob. Copyright © 1984 by CONAFE. Published by CONAFE, México, D.F., México.
Every effort has been made to locate the copyright holders for the selections in this work. The publisher would be pleased to receive information that would allow the correction of any omissions in future printings.

Photo Credits
Key: (t) = top, (b) = bottom, (l) = left, (r) = right, (c) = center, (bg) = background

10, Michael Portzen/Laredo Publishing; 36-37, HBJ/Maria Paraskevas; 38, HBJ/Britt Runion; 46, Michael Portzen/Laredo Publishing; 72(t), Michal Heron; 72(bl), Manuel Rodriguez; 72(br), E. R. Degginger; 73(tl), William Almond/Stock Boston; 73(tr), HBJ Photo; 73(b), E. R. Degginger; 74(tl), Manuel Rodriguez; 74(tr), Grant Heilman Photography; 74(bl), Manuel Rodriguez; 74(br), Thomas Ives; 75(tl), HBJ Photo; 75(tr), HBJ Photo; 75(bl), Sybil Shackman/Monkmeyer Press; 75(br), HBJ Photo; 76-77, HBJ/Maria Paraskevas; 80-81, Michael Portzen/Laredo Publishing.

Illustration Credits
Armando Martínez, 4, 5; Wendy Ross, 6, 7; Luis Aguirre, 8, 9; Fabián López, 36, 37; Monica Edwards, 38, 39; Scott Gray, 41, 42, 43; Pamela Druker, 44, 45; Wendy Chang, 10, 11, 78, 79, (Glossary) 108-114; Pat Caulfield, 106, 107.

Querido amigo:

¿Qué te parece este mundo en que vives? ¿No crees que es maravilloso? En este nuevo libro conocerás algunas de las muchas cosas fantásticas que este mundo nos ofrece.

También te mostrará cómo tú y otros pueden preservar y mantener la belleza de los bosques, montañas, mares y la vida de los animales.

En tu opinión, ¿es importante salvar la Tierra? ¿Estás listo para unirte a este gran proyecto? ¿Crees que tu ayuda es necesaria? Esperamos que la lectura te ayude con estas preguntas.

Cariñosamente,

Los autores

LA TIERRA, MI HOGAR

ÍNDICE

VIENEN Y VAN / 6

Una copla / 8
Tradicional

En sueños puedo volar / 10
Eveline Hasler
Ilustraciones de Käthi Bhend
Cuento

Corre la noche / 36
Aída Marcuse
Poema

La mariposa / 38
Adolfo Maillo
Poema

El gusanito de seda / 40
Hilario Sanz
Poema

¡QUÉ LINDA ES MI TIERRA! / 42

Coplerita / 44
Antonio Ramírez Granados
Poema

Huele a primavera / 46
Mercè Company
Ilustraciones de Agustí Asensio
Cuento

En peligro / 72
Lectura informativa

YO CUIDO MI TIERRA / 76

Nuestro árbol / 78
Gervasio Melgar
Poema

El niño y el árbol / 80
Texto e ilustraciones de Viví Escrivá
Cuento

Rosa / 106
Gilda Rincón
Poema

Glosario / 108

6

TEMA

VIENEN Y VAN

¿Te imaginas cómo ha de ser la vida de los animalitos pequeños como los gusanitos de tierra, las mariposas, y muchos otros insectos? ¿Te gustaría visitarlos durante un viaje imaginario y conocerlos mejor? La lectura del cuento podría ser ese viaje maravilloso. ¿Deseas ir?

ÍNDICE

UNA COPLA
Tradicional

EN SUEÑOS PUEDO VOLAR
Eveline Hasler
Ilustraciones de Käthi Bhend

CORRE LA NOCHE
Aída Marcuse

LA MARIPOSA
Adolfo Maillo

EL GUSANITO DE SEDA
Hilario Sanz

Una copla

Algún día
será verano
y amanecerá
más temprano.

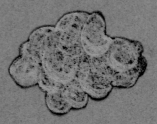

Sobre la tierra, el viento en torbellinos
arranca las hojas de los árboles.
¡Ya llegó el otoño!

Los animalitos que viven bajo la superficie
de la tierra se preparan para el invierno.
Cinco de ellos son muy amigos y viven cerca.

Ellos son:

Un gusanito
blanco,

las lombrices de tierra Poli y Puli,
el pequeño escarabajo Rótolo

y Ría, la oruga.

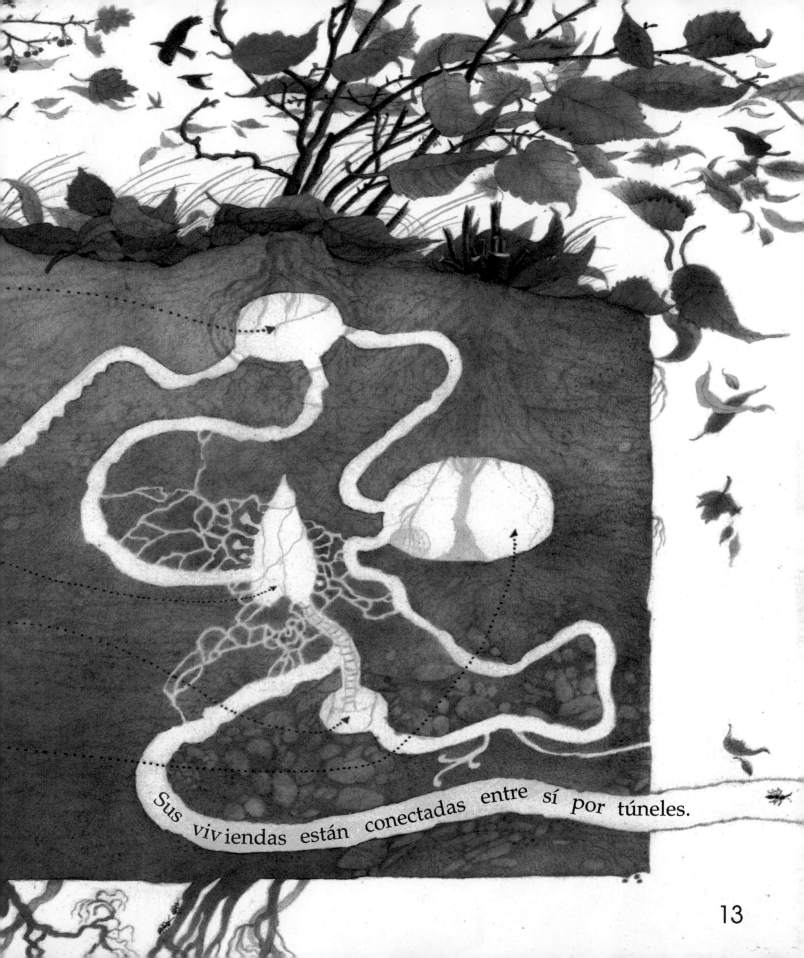

Sus viviendas están conectadas entre sí por túneles.

13

Cada tercer día en la tarde se reúnen en la casa del gusanito blanco, entre las raíces de un gran árbol, para jugar a las cartas. Por lo general, Rótolo pierde.

Ría lo consuela
contándole chistes,
y su risa hace que
a Rótolo se le pase
pronto el mal humor.

—El suelo se enfría más y más —comentan
Poli y Puli—. Afortunadamente, no tememos
al invierno —dicen al enseñarles a sus amigos
el hueco que horadaron en el terreno.
Entre hojas y cáscaras de nuez, las lombrices
han almacenado las cosas más extrañas.

—¡También yo tengo víveres!
¡Vengan! —exclamó Rótolo.
Su casita es tan redonda
como el pequeño escarabajo.

Allí guarda sus alimentos,
escondiéndolos debajo de la cama,
para que nadie pueda robárselos
durante la noche.

—Y tu casa, Ría, ¿cómo es? —preguntan.
Ría se ruboriza. ¡Jamás ha entrado nadie
a su casa! Es una señorita muy tímida.

—Vengan, pues —les dice al fin.

Los amigos contemplan
maravillados la casa de la oruga.
¡Cuántos diseños multicolores!
¡Cuántos hilos raros!
—¿Y dónde guardas tus
provisiones para el
invierno, Ría? —le preguntan.
—Mis víveres son los colores
y los hilos que ven ustedes aquí.
Yo no necesito comida,
sólo necesito sueños —responde
la oruga.
—¡Qué increíble!—exclaman
las lombrices.
Yo no comprendo nada
—comenta Rótolo—.
El gusanito blanco
se queda muy pensativo:
—También yo sueño
todas las noches,
y en sueños puedo volar.
¡Es algo maravilloso!

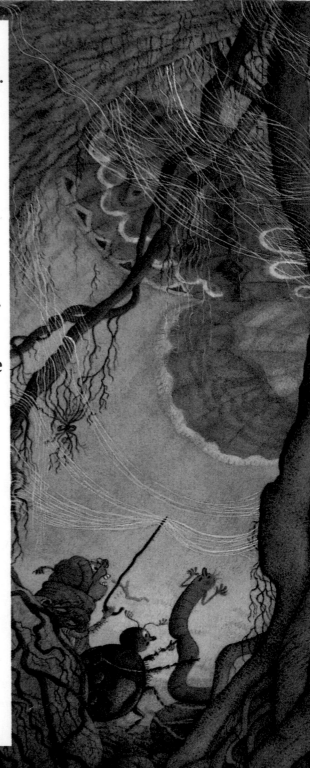

—¿Saben? Yo también guardé
comida —dice el gusanito—,
pero es un secreto. En cuanto
hayamos terminado con las
demás provisiones,
la comeremos juntos.
Entonces les enseña la
puerta de su alacena, que
está cerrada y la llave
colgada en la pared.

¡Pobre Rótolo!
Todos los días se queda
pensando en la misteriosa
merienda de su amigo.

Una tarde, cuando
el gusanito
sale de paseo,
Rótolo toma la llave
y abre la puerta:
¡Un enorme bulbo
llena toda la alacena!

¡Hmmm, qué apetitoso
y qué jugoso se ve!
A Rótolo se le hace
agua la boca.
Muy abajo, donde nadie
puede darse cuenta,
mordisquea un poco
el bulbo.

Arriba, la nieve
cae en gruesos copos,
cubriendo la superficie
de la tierra.

Esa tarde, Ría no viene a jugar a las cartas.

Rótolo la encuentra en su habitación

envuelta en muchos, muchos hilos.

—¿Por qué te escondes? —le pregunta Rótolo—. Ven,

vamos a jugar.

—Estoy soñando —susurra la oruga.

Su voz es muy quedita.

Casi no se oye.

—¿Con qué estás soñando, Ría?

—Con aire y con colores.

En el cuarto, bajo las raíces del árbol,
Rótolo les cuenta a sus amigos
lo que ha visto y escuchado.
El gusanito observa sus cartas y murmura:
—¡Qué lástima que nuestra oruguita
esté un poco rara! —y agrega
—Pero no te preocupes, Rótolo. Tan
pronto se le pase, regresará
y jugará con nosotros.

«¡Ven
primavera,
ven por fin!»

Piensan los animalitos
bajo la tierra. Pero el frío
vuelve una y otra vez.
Poco a poco,
las provisiones se acaban.

Una noche, el gusanito
les dice a sus amigos:
—Ahora llegó el momento
de revelarles mi secreto.
Entonces, toma la llave
de la pared
y abre la alacena.

Pero . . . ¡Caramba! ¿Qué ha pasado con el bulbo?

—Mi bulbo ha muerto —se lamenta el gusanito.

Rótolo comienza a llorar.

Entre sollozos confiesa:

—Sólo lo he mordido un poquito,

sólo un bocadito. De veras, no tengo la culpa.

—Ría, ven a ver el bulbo —llaman los amigos.

Pero Ría no les hace caso.

En su casa, los amigos descubren un capullo tejido
con muchos hilos finísimos.

—¡No estés bromeando, Ría! ¡Sal de una vez! —grita Rótolo.

Nadie responde.   El capullo está vacío.

Este es un día negro
para los amigos.
Lloran por Ría y por el bulbo.
Así transcurren muchos, muchos días.

Sobre la tierra,
la nieve por fin se derrite.
Los vientos cálidos anuncian
la llegada de la primavera.

También bajo la tierra,
empieza a hacer algo de calor.
Poli y Puli se animan y
cavan túneles en todas
direcciones.

31

De repente
la cabeza de Poli
emerge del suelo.
La luz y el aire la rodean,
—¡Aún existe el mundo! —se
maravilla la lombriz.
Y allí, exactamente
encima de la alacena
del gusanito blanco,
Poli descubre un tallo verde
con un botón rojo.
—¡Puli, ven a ver esto! —grita.

Rápidamente las lombrices
desaparecen bajo la tierra.
—El aire y la luz son hermosos —dicen—,
pero no están hechos
para nosotras.

Las lombrices le platican
al gusanito:
—Imagínate,
tu bulbo no murió.
Se ha tranformado
en algo maravilloso.
El gusanito no les cree
y decide convencerse por sí mismo.
Después de una larga
y pesada caminata,
llega a la superficie.
Es de noche
y la flor está cerrada.
—Qué bella es —dice.
Una mariposa nocturna
vuela alrededor de ella.
—Hola, gusanito blanco,
¿no me reconoces?
—pregunta una vocecita.
—¡Ría eres tú! Te reconozco por los
diseños de tus alas
—dice el gusanito—.
¡Qué precioso vuelas!

¡Ahhh!, yo todas las noches sueño
que estoy volando.
La mariposa se ríe.
—Ten paciencia, ten paciencia,
gusanito blanco —le dice—.
Algún día, también tú podrás volar.

Corre la noche

Corre la noche
por la barranca
con un derroche
de nubes blancas.

Corre la noche
por el sendero
y como un broche,
luce el lucero.

Corre la noche
traspapelada:
¡ya llega en coche
la madrugada!

Aída Marcuse

LA MARIPOSA

Volaba,
volaba,
iba,
iba,
venía,
aparecía,
se ocultaba
y no se paraba
ni se detenía.
¿Adónde iría?

Y ella no atendía,
volaba,
volaba,
bajaba,
subía,
aparecía,
y se ocultaba
y no se paraba
ni se detenía.
¿Adónde iría?
¡Nadie lo sabía!

Adolfo Maillo

El gusanito de seda

Gusanito, gusanito,
teje, teje, sin cesar,
téjelo hasta terminar,
teje ya tu capullito.

Luego, encerradito
en tu capullito,
te convertirás
en la mariposa,
novia de la rosa
de bellos colores
que liba las flores.

Teje, gusanito,
teje sin cesar,
teje tu capullo
hasta terminar.

Hilario Sanz

40

41

TEMA

¡QUÉ LINDA ES MI TIERRA!

¿Has visitado alguna vez un bosque?
¿Has jugado en el zacate o descansado
bajo la sombra de un árbol?
Imagínate lo que sería si no
tuviéramos estas cosas. En este cuento
conocerás a algunos animales que
buscan un lugar bonito
en donde vivir.

ÍNDICE

COPLERITA
Antonio Ramírez Granados

HUELE A PRIMAVERA
Mercè Company
Ilustraciones de Agustí Asensio

EN PELIGRO
Lectura informativa

Coplerita

Coplerita soy, de montes,
de los ríos y la barranca;
vengo a regalarte algo
que traigo aquí en mi garganta.

Regalo un verso travieso,
un verso de mil sabores,
a la gente de mi tierra...
y a pájaros trinadores.

Antonio Ramírez Granados

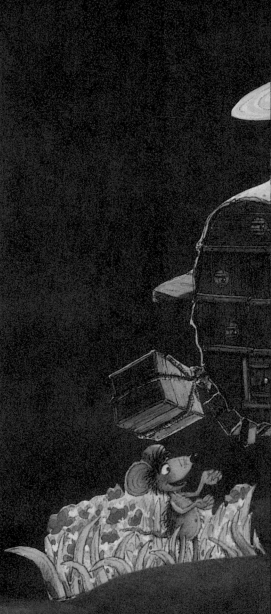

Los animales sienten miedo.

Desde hace tiempo, los pájaros no cantan.

La pena y el temor los ha enmudecido.

49

Los ratones no se atreven a salir de sus madrigueras.

Los búhos no se cortejan a la luz de la luna.

Las arañas no tejen.

Y los perros no persiguen a los gatos.

Las ballenas se acercan a la orilla del mar y se reúnen con las focas.

Ha pasado algo que ha hecho huir la primavera, y el sol se niega a dar su calor.

De pronto, los animales dejan a un lado pena y
nostalgia. Dicen: «¡Basta! ¡Aquí no se puede vivir!
Los *seres* han destrozado el mundo; no se merecen
nuestra compañía».

Y, sin saber cómo, los animales encuentran la forma
de entenderse.

Los perros con los gatos. Los lobos con las gallinas.
Los gusanos con los peces. Todos hablan ya el mismo
lenguaje. Todos quieren lo mismo: vivir en paz.

Los elefantes ayudan, y también los leones, y las serpientes, y los sapos. . .

Entre todos hacen una gran nave. La nave los llevará lejos, muy lejos. . .

A un lugar donde el sol derroche ternura y la luna les permita volver a cortejarse a media voz.

Cuando terminan la nave, se apresuran a embarcar.
Los *seres* no los ven. No saben que todos, desde el
más pequeño de los insectos al mayor de los animales,
se van. Porque ya están hartos de tanta tristeza,
de tanta desolación.

Y la nave surca el espacio. Todo está oscuro, como si se tratara de una larga noche, una noche sin fin.

Por fin llegan a un lugar que les parece maravilloso. Las montañas, serenas y majestuosas, parecen haberse nutrido de todos los verdes del mundo. Los ríos, largos y de agua cristalina, reflejan el cielo; y éste . . . ¡es tan azul!

63

Y ellos, temblando entre el miedo y la esperanza,
salen despacio. Aspiran el aire cálido y suave.
Reconocen en él un añorado aroma. Huele . . . ¡Sí!
¡Aquí huele a primavera!

Entre los arbustos del bosque, alguien los ha visto
llegar y se acerca.

—Bienvenidos —les dice.

—¿Dónde estamos? —le preguntan.

—En la Tierra. En el planeta Tierra. Sean bienvenidos.

Y todos, desde el más
pequeño de los insectos hasta
el mayor de los animales, se
desparraman por bosques
y montañas, por ríos y mares,
para hacer un nuevo hogar.
En paz.

¿Qué te parece?

1. Si pudieras elegir a dónde ir, ¿qué lugar sería?

2. ¿Qué crees que le pasó al planeta de los animales?

3. ¿Te sorprendió el final? ¿Por qué?

Escribe en tu diario

Escribe un párrafo y dibuja otro final para este cuento.

¡En peligro!

La Tierra es el hogar de todos los seres vivos.

Tenemos que cuidar la Tierra.

Hay muy pocas de estas plantas.
Hay muy pocos de estos animales.

¿Cómo podemos ayudar a cuidar la Tierra?

TEMA

¿Qué puedes hacer para ayudar a cuidar la Tierra? ¿Te gustaría proteger a los animales y las plantas? En el cuento que sigue conocerás a un niño que quiere salvar a un árbol.

ÍNDICE

· ·

NUESTRO ÁRBOL

Gervasio Melgar

EL NIÑO Y EL ÁRBOL

Texto e ilustraciones de Viví Escrivá

ROSA

Gilda Rincón

Nuestro árbol

Tiene unas hojas muy verdes
que saben acariciar.
Tiene unas flores sedosas.
Tiene una sombra cordial.

Es nuestro mejor amigo.
Muchas ternuras nos da.
Se pasa la vida dando.
Nunca se cansa de dar.

Nos llamó a todos papá y dijo
mirando el árbol:
«¡Niños, lo voy a cortar!»

Eso dijo y sus palabras
cayeron como un puñal.
Eso dijo y todos, todos
nos pusimos a llorar.

Entonces papá nos dijo:
«¡No lo cortaré jamás!»
Y papá, papá tenía
muchas ganas de llorar...

Gervasio Melgar

79

El niño
y el árbol

Viví Escrivá (Premio Nacional de Ilustración Infantil)

Había una vez un roble viejísimo, tanto, que era el árbol más viejo del bosque, el más alto y el que tenía la corteza más arrugada.

Ningún árbol era tan sabio como él, porque, habiendo vivido tanto, conocía todas las historias del cielo y de la tierra.

Pero lo mejor del viejo árbol era su alegría por vivir. Todos los días eran hermosos para él. Amaba a los animales y jamás se lamentaba, a pesar de que hacía muchísimos años que ni una sola nueva hojita brotaba de sus ramas.

Los otros árboles le envidiaban porque era tan grande que les hacía sombra. Porque los pájaros y ardillas buscaban el refugio de sus ramas y porque a pesar de que soplara el más fuerte de los vendavales, se mantenía erguido.

Había también un niño que era el más pequeño y flacucho del pueblo, el más pobre y el único que no tenía zapatos. Y lo peor de todo es que era un niño que no tenía nombre.

Por todo ello, era la burla de pequeños y grandes. Los padres no querían que sus hijos jugaran con él, y la maestra no sabía cómo hacer para que fuera a la escuela.

Pero al niño no le importaba. Se iba a jugar con las flores, los pájaros, los escarabajos. En fin, con todos los animales que vivían en aquel lugar. Todos le conocían: los pájaros se posaban en sus manos, las mariposas en su cabeza y los escarabajos danzaban en los dedos de sus pies.

A ellos no les importaba que no tuviera nombre, porque cada uno le ponía el nombre que más le gustaba y él atendía por todos.

El árbol y el niño eran amigos.

En el invierno, el viejo roble le protegía del frío y de la nieve.

A veces jugaba a vestirse de azul con la luna y de amarillo con el sol.

...Y si llovía, podía refugiarse en un hueco de su corteza, que tenía un colchón de hojas y flores.

Cuando llegaba la primavera, el niño trepaba a sus ramas más altas y desde allí se ponía a contar todas las flores que habían nacido, lo cual le llevaba algunas veces dos días y medio de tantas como había.

Subido de puntillas en la rama más alta de todas, la que cruza el cielo, podía acariciar a los pájaros que vuelan más alto.

El niño amaba al árbol.

El árbol amaba al niño.

Un día, durante las fiestas del pueblo, alguien dijo:

—Ese niño que no tiene nombre y que va descalzo no puede seguir así. ¡Hay que ocuparse de él!.

Entonces se reunieron el alcalde, el policía, la maestra, las mujeres y los hombres para decidir sobre el porvenir del niño.

«Ni siquiera tiene nombre él y se pasa todo el tiempo jugando bajo las ramas de ese árbol viejo» dijo uno. «Es una vergüenza para el pueblo».

...Y por primera vez, el niño se puso triste y lloró abrazado a su viejo árbol.

El árbol lo acarició con sus ramas y le dijo:

—No llores. Yo te pondré un nombre. ¡Te llamarás Teulaí! que en el idioma de los árboles quiere decir «Gorrión».

¡Teulaí! ¡Era un nombre brillante con sonido de campana!

Corrió al pueblo, y cuando toda la gente bailaba en la plaza, se subió al quiosco de los músicos y gritó:

—¡Tengo un nombre! ¡Me llamo Teulaí!

Todos se reían.

El alcalde se escandalizó: —Este niño no sabe lo que dice.

Todos dijeron:

—Este niño quiere tener un nombre que no es un nombre.

Y decidieron mandar al policía para que lo prendiera y pudiera ocuparse de él.

Había un carpintero a quien el niño no le importaba. Era un negociante muy astuto. Así que pensó:

«Ese árbol tan grande tiene una madera tan vieja y seca que se podrían hacer con él unos magníficos muebles que todo el mundo compraría».

Y reunió a los leñadores, a los carpinteros, y a los más ricos del pueblo y se encaminaron al pie del viejo árbol.

Allí tocaron su madera, midieron su tronco, cuchichearon entre sí y por fin decidieron:

—¡Hay que cortarlo!

Y por primera vez el árbol se entristeció ...

Aquella noche, el árbol y el niño, fundidos en un estrecho abrazo, lloraron amargas lágrimas…

Y la lluvia parecía llorar también al acariciarlos con sus gotas.

En muy poco tiempo el árbol sintió nueva vida. Con un dulce suspiro inclinó la cabeza para que los otros árboles vieran la nueva y tierna hojita que, con la mañana, había nacido en su rama más alta.

Los árboles dormían frondosos, frescos. El sol estiraba perezoso sus rayos acariciándoles.

—¡Hermanos árboles, miren mi rama más alta! ¡La noche me trajo una hojita nueva! ¡Leñadores, gente del pueblo, hoy me ha nacido una hoja! ¡Acarícienla, pájaros; bésala, sol! ¡Hoy me ha nacido una hoja!

—¿Oyeron al viejo y tonto árbol? ¡Tanto lío por una hojita! —exclamó un joven y orgulloso olmo que vivía a su lado.

—¡Si todos los días el más pobre de nosotros ve nacer en sus ramas un montón de hojas! ¿Por qué nos molestas con tus gritos? —dijo la encina malhumorada.

Se hizo el silencio de nuevo. El árbol sentía
deseos de apretar contra la tierra sus raíces. Temblaba.

El niño también lloraba.

El día despertaba con algarabía de pájaros,
mecer de hojas, escarabajos brillantes de charol y
mariposas de arco iris.

Los leñadores, con sus hachas dispuestas,
rondaban al viejo roble.

El niño gritaba:

—¡No lo toquen! ¡El árbol está vivo!
¡Miren su rama más alta. Hoy le ha nacido
una hoja nueva! ¡Es mi árbol! ¡Él me ha
puesto el nombre! ¡ Es mi amigo!

La gente no entendía
nada y se reía.

Pero el sol poderoso comprendió al árbol y al niño, y llamó al viento.

El viento trajo las nubes. Las nubes se derramaron en lluvia de forma violenta sobre la gente que rodeaba el árbol.

Ellos, atónitos ante la furia de la tempestad, corrieron a refugiarse al lugar más seguro, que era bajo las ramas del inmenso y viejo roble.

Este, sin rencor, amorosa y mansamente les protegió.

Todos los animalillos y pájaros del bosque buscaron refugio entre sus ramas.

El viento violento tumbaba a los más altos chopos y arrancaba de cuajo a los árboles jóvenes...

...Sólo el viejo árbol, inconmovible, abrazaba entre sus ramas a aquel montón de seres atemorizados.

Y fue entonces cuando la maestra, el alcalde, el policía y tantos otros comenzaron a comprender que el árbol era mucho más que un trozo de madera vieja, y que el niño sin nombre había comprendido antes que ellos su grandeza… Y se sintieron avergonzados.

El leñador guardó su hacha…

El alcalde se quitó el sombrero…

La maestra derramó una lágrima…

El viento y la lluvia cesaron y el sol volvió a brillar. Todos rieron alegres y abrazaron al niño sin nombre y sin zapatos que había comprendido antes que ellos.

Y bailaron bajo el árbol.

A partir de entonces el viejo roble fue el centro de reunión del pueblo.

Los viejos se sentaban a leer a su sombra, y los niños jugaban con Teulaí entre sus ramas.

Pero lo más importante de todo es que habían comprendido que cada hojita nueva que nace es tan valiosa como una estrella.

¿Qué te parece?

1. ¿Por qué crees que la gente del pueblo quería cortar el viejo roble?

2. ¿Hubieras tú ayudado al niño a protegerlo? ¿Cómo?

Escribe en tu diario

Escribe un párrafo sobre cómo te sentirías si tus amigos fueran un árbol y animalitos.

Rosa

Para decir del rosa
no nombraré a la rosa,
sino al matilisguate
de madera preciosa
que en los montes de Chiapas,
húmedos y soleados,
florece en una gloria
de capullos rosados.

Hermosos son el cedro,
la ceiba y el amate,
pero ninguno tanto
como el matilisguate,

y el pájaro que dentro
de su copa hace nido,
tiene un palacio rosa
como nadie ha tenido:

su canto se sonrosa
cuando entre flores late,
corazón invisible,
en el matilisguate.

Gilda Rincón

GLOSARIO

A

afortunadamente   De buena suerte: **Afortunadamente** tomamos el avión a tiempo.

alacena   Armario de comida: Guardamos las compras del mercado en la **alacena**.

algarabía   Ruido confuso: Los niños hicieron una **algarabía** durante el recreo.

almacenaba   Guardaba: La ardilla **almacenaba** las nueces en el árbol.

amargas   Agrias: Las frutas eran **amargas**.

amate   Árbol de México: El **amate** es un árbol hermoso.

añorada   Recordada con pena: La abuelita es **añorada**.

arco iris   Arco de colores en el cielo después de una lluvia: El **arco iris** tiene varios colores.

atemorizados   Asustados: Los niños están **atemorizados** de la tormenta.

atónitos   Pasmados, sorprendidos: La noticia los dejó **atónitos**.

arco iris

B

barranca   Precipicio: En la **barranca** crecen plantas raras.

bledos   Sin importancia: Al valiente le importa tres **bledos** el peligro.

broche   Alfiler que adorna y sujeta la ropa: María lleva un **broche** muy lindo en la blusa.

108

bulbo

brotaba	Salía: El agua **brotaba** de la fuente.
bulbo	Tallo subterráneo de algunas plantas: La cebolla es un **bulbo**.

cálido   Caliente: El clima del desierto es **cálido**.

capullo   Envoltura de los gusanos: El **capullo** protege a la oruga.

carpintero   El que trabaja con la madera: El **carpintero** hizo una puerta muy bonita.

cedro   Árbol de madera fina: El **cedro** del patio está muy alto.

ceiba   Árbol que crece en el trópico: La madera de la **ceiba** tiene muchos usos.

consuela   Que brinda alivio de una pena: La madre **consuela** a la hija.

corearon   Repitieron: Los niños **corearon** lo que dijo el maestro.

carpintero

cortejan   Se acompañan mostrándose cariño: Los pajaritos se **cortejan** a la luz de la luna.

corteza   Parte exterior del árbol: La **corteza** del cedro es dura.

cuajo   De raíz: El viento arrancó de **cuajo** al arbolito.

cuchichearon   Hablaron en voz baja: Los niños **cuchichearon** durante la película.

chopos   Árboles de Álamo negro: Los **chopos** no crecen en todos los lugares.

chopos

desolación   Tristeza y soledad: El desierto podría ser un lugar de **desolación**.

desparraman   Se dispersan: Las ovejas se **desparraman** al acercarse el lobo.

embarcar   Tomar el barco: Para **embarcar** a tiempo tenemos que darnos prisa.

encaramó   Subió: El mono se **encaramó** al árbol.

entristeció   Apenó: La canción lo **entristeció**.

envidiaban   Codiciaban, tenían celos: Ellos le **envidiaban** su buena fortuna.

erguido   De pie y con la cabeza en alto: El soldado está muy **erguido**.

escandalizó   Se ofendió: La clase se **escandalizó** con el juego.

escarabajo   Un insecto negro: El **escarabajo** se escondió debajo de la puerta.

esponjó   Se agrandó, hinchó, abultó: El pan se **esponjó** en el horno.

estrecho   Apretado: Ella cargaba su mascota en un **estrecho** abrazo.

estrecho

exclaman   Dicen con fuerza: Ellos **exclaman**:«¡Feliz cumpleaños!»

frondosos   Abundantes de hojas: Los árboles son **frondosos**.

hueco   Agujero: En el árbol viejo hay un **hueco**.

huir   Alejarse rápidamente: Él quiso **huir** del león para que no lo alcanzara.

inconmovible   No se inquieta, no se conmueve: Ante el peligro, el león se

veía **inconmovible** protegiendo a sus cachorros.

invierno   Estación del año: En el **invierno** hace frío.

lamentaba   Se quejaba: Cristina **lamentaba** que su amiguita no

viniera al colegio.

leñador   El que corta la leña: El **leñador** llegó con la leña para la cocina.

lombrices   Gusanos: Las **lombrices** viven en la tierra.

leñador

madrigueras   Cuevas o guaridas de algunos animales: Los ratoncitos están

contentos en sus **madrigueras**.

madrugada   Hora del amanecer: Me levanté en la **madrugada**.

majestuosas   Gloriosas e importantes: Las montañas se ven **majestuosas** a

la luz del sol.

maravillados   Asombrados: Los niños quedaron **maravillados** con el mago.

matilisguate   Árbol tropical: El **matilisguate** es un árbol lindo.

merienda   Comida ligera: Los niños tomaron una **merienda** por la tarde.

multicolores   De muchos colores: Jugaron en la playa con

pelotas **multicolores**.

merienda

N

nave   Barco: La **nave** es pequeña.

nueces   Semillas de algunos árboles, como el nogal: A mí me

                gustan las **nueces**.

nutrido   Alimentado, fortalecido: El gatito se veía muy **nutrido** de

                tanta leche que le daban.

O

olmo   Árbol: Descanso a la sombra de un **olmo**.

oruga   Larva de algunos insectos: La **oruga** se alimenta de las hojas

                de las plantas.

otoño   Estación del año: En el **otoño** las hojas cambian de colores.

oruga

P

pendientes   Aretes: Las mujeres se ponen **pendientes** en las orejas.

porvenir   El futuro: No puedo adivinar el **porvenir**.

prendiera   Agarrara, arrestara, pusiera preso: Fue necesario que la

                policía **prendiera** al ladrón.

primavera   Estación del año: En la **primavera** se quita el frío, y todo se

                pone verde y lleno de colores.

provisiones   Alimentos, víveres: Pusimos las **provisiones** en el refrigerador.

puntillas   Sobre las puntas de los pies: El niño se puso de **puntillas**

                para poder ver.

pendientes

quedita　　Voz baja y suave: Graciela durmió al bebé cantándole con una voz **quedita**.

quiosco　　Casa pequeña en el parque: Los músicos se encuentran en el **quiosco**.

quiosco

refugiarse　　Ampararse: Los conejos pudieron **refugiarse** en sus jaulas.

refugio　　Asilo: En medio de la lluvia los pajaritos encontraron un **refugio** en las ramas del cedro.

roble　　Árbol: El **roble** es un árbol muy alto.

ruboriza　　Enrojece el rostro: De tanta risa Juanito se **ruboriza**.

sendero　　Caminito estrecho: Por el **sendero** se va hasta el río.

serenas　　Tranquilas: Las aguas estaban **serenas.**

seres　　Individuos: Los extraterrestres son **seres** extraños.

sollozos　　Llantos: Desde lejos se escucharon los **sollozos**.

sonrosa　　Enrojece: La niña se **sonrosa** de tanto brincar.

superficie　　Parte de afuera: La **superficie** del escritorio es lisa.

surca　　Va por el agua cortándola: La nave **surca** las aguas.

sendero

torbellinos	Vientos fuertes que soplan dando vueltas: Los ciclones son **torbellinos** muy grandes.
traspapelada	Perdida entre papeles: La tarea escolar quedó **traspapelada** en el escritorio de papá.
temor	Miedo: Yo le tengo **temor** a las culebras.
ternura	Dulzura: Una madre siente mucha **ternura** hacia su bebé.

valiosa	Que vale mucho: Mi pulsera es muy **valiosa**.
vendavales	Vientos muy fuertes: Los **vendavales** del otoño se llevaron las hojas de los árboles.
viejo	De mucha edad: Mi abuelito está muy **viejo**.
viento	Aire que se mueve: El **viento** de la tarde es suave.
víveres	Provisiones: Los pescadores llevaban sus **víveres** en las lanchas.